LE

COMMERCE EXTÉRIEUR

ET LA

POLITIQUE DE LA FRANCE.

PARIS. — IMPRIMERIE DE E. MARC-AUREL,
Rue Richer, 12.

LE

COMMERCE EXTÉRIEUR

ET LA

POLITIQUE DE LA FRANCE

PAR

M. DE BUSSIÈRES,

DÉPUTÉ DE LA MARNE, SECRÉTAIRE DE LA CHAMBRE DES DÉPUTÉS.

PARIS,

IMPRIMERIE DE E. MARC-AUREL,

Rue Richer, 12.

—

FÉVRIER 1848.

LE
COMMERCE EXTÉRIEUR

ET LA

POLITIQUE DE LA FRANCE.

La situation commerciale du pays préoccupe aujourd'hui tous les esprits sérieux, et la vivacité des discussions engagées entre les partisans du *libre-échange* et ceux des droits protecteurs, témoigne de l'importance que l'opinion publique attache à ces graves questions.

Quelle que doive être l'issue de cette lutte, un fait nous paraît dominer la situation ; c'est l'impossibilité, pour un peuple, de bouleverser brusquement ses tarifs de douane; aussi personne ne demande-t-il ce bouleversement subit et les novateurs les plus hardis ne considèrent-t-ils l'adoption défininitive de leurs idées que comme un but éloigné que l'avenir seul peut faire atteindre.

Cependant le temps presse, le développement de notre industrie est tel que le marché intérieur ne lui suffit plus, il lui faudrait au dehors des débouchés qui ne lui sont point ouverts, ou dans lesquels elle n'a pas la confiance de s'engager. De là, pléthore habituelle ; de là, les crises commerciales qui, d'abord passagères sont devenues un mal chronique.

Ce mal a été, dès longtemps, signalé, et jamais jusqu'ici, selon nous, on n'en a indiqué le véritable remède. Est-ce à dire, pour cela, que ce remède n'existe pas, et qu'aucune organisation ne puisse venir en aide aux souffrances de l'industrie ?

Consultons à cet égard l'exemple de la Hollande : son souverain n'a-t-il pas, en 1825, restauré le commerce extérieur du royaume des Pays-Bas, en stimulant l'esprit d'entreprise depuis longtemps assoupi, *en prenant part, lui-même, aux spéculations d'une compagnie à laquelle il assurait un minimun d'intérêts pour un capital donné?*

« Mais, dira-t-on, ce qui convient à de petits pays ne peut être utilement appliqué à un immense marché comme le nôtre ; » non sans doute ; aussi n'est-ce pas là, dans notre pensée, un exemple à copier servilement, mais une indication, une analogie féconde en inspirations utilement applicables.

Pour nous, aujourd'hui, comme pour la Hol-

lande avant 1825, d'où vient le mal? De la
désuétude où est tombé le commerce extérieur,
par une conséquence nécessaire de la séques-
tration imposée, sous l'Empire, à tout le continent européen. L'Angleterre sillonnant, à peu
près seule pendant le blocus continental, les
mers dont nous étions exilés, prenait l'avance
et ouvrait, dans le reste de l'univers, des marchés à son industrie déjà florissante.

A la paix, notre industrie et celle de l'Europe
pouvaient se contenter pour longtemps, du marché intérieur et le moment était loin où se ferait
sentir le besoin de franchir ses limites.

Ce moment est désormais arrivé, pour nous
du moins, et certainement aussi pour les États
du Zolwerein; mais nos habitudes sédentaires
sont invétérées, et nos capitaux, habitués à se
placer sous nos yeux, sous notre main, ont
horreur de toute excursion lointaine, aventu-
reuse. Pour s'éloigner du continent avec confiance, ils ont besoin, comme ceux du royaume
des Pays-Bas, en 1824, d'un guide sûr, d'une
garantie réelle.

Quels seraient ce guide et cette garantie?

Il existe en France des hommes trop peu
nombreux, sans doute, à qui de lointains voya-
ges ont fait connaître les diverses parties du

globe ; qui, en vue du commerce extérieur, ont étudié les goûts , les besoins, les habitudes, les mœurs des populations diverses ; il en existe un plus grand nombre qui , sans s'éloigner de la France, se sont approprié, dans les mêmes vues , par une étude approfondie, les observations utiles consignées dans les relations publiées à ce sujet.

Si un intérêt commun, un intérêt commercial, réunissait en un seul faisceau, toutes ces lumières éparses, toutes ces forces intellectuelles disséminées , tous les capitaux que la confiance pourrait grouper autour d'eux, ne posséderions-nous pas un centre d'action fortement éclairé, dont la puissance rayonnerait avec quelque chance de succès, vers tous les points du globe ?

Ce serait là le guide dont je viens de parler.

Mais comment réunir ces hommes ? Comment les déterminer à une association dont l'objet serait le commerce extérieur ? Comment mettre à leur disposition des fonds suffisants pour des opérations commerciales lointaines, peu pratiquées jusqu'à ce jour ? Comment vaincre l'hésitation et le doute ?

En Angleterre, les habitudes sont prises ; les

routes frayées ; le succès a chassé le doute et
l'hésitation ; et des bénéfices, longtemps accu-
mulés, ont concentré dans les mains des particuliers de puissants capitaux toujours prêts à
renouveler des expériences qui leur ont si bien
profité. En France, rien de pareil : fractionne-
ment de la richesse, inexpérience complète du
commerce extérieur, inertie jusqu'à ce jour in-
surmontée.

Que faut-il donc aux capitaux pour s'associer?
la confiance dans l'intelligence et dans la probité
de la direction qui leur serait imprimée, est
avant tout, nécessaire ; mais elle ne suffit pas.
Notre inexpérience a besoin d'une garantie pé-
cuniaire contre les pertes qui peuvent résulter
de l'incertitude de nos débuts. Pourquoi, en
France, l'État ne ferait-il point ce que le roi
Guillaume a personnellement pratiqué, avec
tant de succès, dans le royaume des Pays-Bas?

Admettons que l'État consacrât une somme
de vingt-cinq millions, tant à la garantie d'un
minimum d'intérêt qu'à celle d'une portion des
fonds engagés par les particuliers ; je ne doute
pas, qu'à ces conditions, une compagnie ne se
formât aussitôt au capital de cent millions. Sa
puissance financière serait donc de cent vingt-

cinq millions, compris la part de l'État. Cette
somme, si je ne me fais illusion, serait facile-
ment réalisée par les capitalistes, par l'industrie
manufacturière, par le commerce de nos ports;
et, de toute part, même à l'étranger, abon-
deraient les capitaux destinés à un usage finan-
cièrement avantageux aux actionnaires, commercialement profitable à tous.

Le commerce de nos ports reproche avec
amertume à notre industrie le système de protection auquel elle s'attache, et les entraves qui
en résultent pour les exportations et les impor-
tations; ou, en d'autres termes, pour les échanges internationaux.

Notre industrie ne se plaint-elle pas, avec
plus de raison du commerce de nos ports ? de
l'insuffisance de ses renseignements, de ses
relations, du mécanisme de ses procédés?

Les maisons de commerce de nos ports sont,
pour les marchandises étrangères importées de
plus en plus, chaque jour, par navires étrangers,
d'excellents correspondants. Elles les placent
exactement au meilleur compte possible, et elles
fournissent, à peu près, exclusivement, aux
capitaines de ces navires, outre le fret de retour,
de précieux renseignements pour les importa-

tions ultérieures, soit des produits naturels, soit des industries étrangères rivales.

Les maisons de commerce de nos ports sont-elles en mesure d'offrir à nos industries nationales la contre partie de ces avantages ? Notre marine nationale marchande est de plus en plus délaissée. Sans elle, nul renseignement sincère, peu d'indications utiles, aucune investigation profitable. Les capitaines de navires étrangers gardent ce qu'ils savent pour leurs nationaux, qui ont le bon esprit de les entretenir dans une activité constante.

Sans marine marchande nationale, nulle relation suivie, nul placement assuré.

Mais pourquoi notre marine marchande est-elle répudiée par les commerçants des ports français ? Elle navigue trop chèrement, dit-on ; ses services sont trop dispendieux ! et comment ne le seraient-ils pas ? Sans rechercher ici toutes les autres causes de ce fait, le commerce de nos ports a-t-il eu le soin d'établir au loin, sur les points qui l'intéressent, des maisons correspondantes chargées de fournir les indications, de préparer les placements et les retours; de remplacer le hasard par le calcul; d'assurer la direction des opérations commerciales; de supprimer les pertes de temps qui, plus que toute autre chose, grèvent la navigation ?.... Non, il ne l'a pas fait !

Veut-on savoir comment les choses se passent ? ouvrons le livre publié, en 1846, par M. Fonmartin de l'Espinasse, lieutenant de vaisseau, directeur du port à Bordeaux.

« Parmi les causes d'infériorité de notre » marine, dit-il, nous avons signalé l'incon- » sistance, sur les places étrangères, du » commerce français qui ne sait plus fonder, » hors de chez lui, de grands établissements » commerciaux.....

» Ah ! ce n'est point ainsi que travaille le » commerce, en Angleterre ; il envoie à l'é- » tranger des agents fidèles et spéciaux » auxquels il avance tous les fonds néces- » saires à l'établissement d'une grande maison » de commerce dont la mission consiste à le » tenir exactement au courant des besoins » du marché, à recevoir les consignations et » à faciliter les retours. On ne trouverait pas, » dans le monde, dix maisons françaises capa- » bles de remplir convenablement cette mission. » Comment, après cela, ose-t-on reprocher à » nos navires de parcourir, à l'aventure, les » contrées dont la concurrence étrangère a

» bien voulu leur abandonner l'exploitation? »
(Fonmartin de l'Espinasse, pages 189, 190,
191).

Voici un autre témoignage :

Le Ministre du Commerce a fait publier
successivement les divers documents recueillis
par l'Ambassade que le gouvernement du
Roi a envoyé en Chine, et nous lisons ce
qui suit, à la page 32 du n° 319 de la
3ᵉ série des avis divers publiés en 1846 :

« A l'égard des articles qui sont suscep-
» tibles d'être importés en Chine, soit dès à
» présent, soit par la suite, ou ne saurait
» trop recommander aux fabricants d'éviter
» de les confier à des maisons anglaises qui
» commenceraient par les discréditer, et se
» trouveraient secondées, en cela, par l'indif-
» férence que la plupart des étrangers éta-
» blis à Canton ont, jusqu'à ce jour, entre-
» tenue à l'endroit de nos produits.

» En admettant que les négociants français
» nouent des relations suivies avec la Chine,
» voici ce que l'on considérerait comme le plus
» avantageux pour notre commerce :

» Ce serait la création d'un comptoir fran-
» çais à Canton même; comptoir qui corres-

» pondrait avec nos manufacturiers, de tout
» genre; les tiendrait exactement au courant
» de toutes les nouvelles de la place; leur
» enverrait régulièrement les échantillons les
» plus goûtés par les Chinois; leur indiquerait,
» avec prudence et discernement, la quan-
» tité de tel ou tel article à diriger sur la
» Chine; se formerait une clientelle assurée
» de marchands du pays; les habituerait à
» apprécier les produits français, en ne leur
» présentant que des marchandises de bonne
» qualité; leur soumettrait fréquemment les
» nombreux échantillons qu'il recevrait de
» France; rechercherait, avec soin, tous les ar-
» ticles connus ou non connus susceptibles de
» former des cargaisons de retour,..... s'atta-
» cherait, en outre, un certain nombre de
» forts négociants et quelques linguistes de
» Canton, aptes à le guider dans ses recher-
» ches et ses opérations; emploierait, comme
» commis, quelques jeunes gens Américains
» ou Hollandais, connaissant déjà parfaitement
» le commerce de la Chine; travaillant sans
» cesse enfin dans l'intérêt de notre industrie,
» avec une connaissance complète de nos
» moyens de production, ainsi que du goût
» des Chinois. Si notre commerce a chance

» de s'établir avantageusement en Chine, une
» semblable organisation devra mieux qu'au-
« cune autre y contribuer. »

J'ai cité ce passage tout entier, parce qu'il
est l'œuvre des délégués de l'industrie et du
commerce français, proposés au choix du Gouvernement, par les Chambres de commerce
françaises. Par suite d'une concordance non
concertée, ils proposent d'appliquer à nos
rapports avec la Chine les procédés commerciaux que M. Fonmartin de l'Espinasse voudrait
voir étendus au monde entier. Voilà les moyens
identiques simultanément indiqués par des
hommes spéciaux, placés pour bien voir, l'un
dans nos ports, les autres à l'extrémité du
globe.

Que répond à cela le commerce des ports?
« Donnez-nous le libre échange, et tous nos
» maux seront guéris. »

L'industrie nationale répond au commerce
des ports : « Commencez par vous organiser,
car c'est vous qui êtes insuffisants ; vous nous
proposez d'ouvrir le marché intérieur à l'étranger dont vous êtes les courtiers, et vous êtes
inhabiles à nous produire et à nous patronner
sur le marché extérieur ! »

Les améliorations de tarifs doivent accompagner, mais non pas précéder le fait de l'organisation commerciale.

Quelle sera donc cette organisation commerciale, et, avant tout, quel sera son but précis?

Son but sera celui qu'indiquent, pour le commerce avec la Chine, les délégués du commerce français; celui que poursuivit, avec tant de succès, la grande société de commerce des Pays-Bas, fondée en 1825, sous le patronage et avec la coopération personnelle du feu roi Guillaume; celui que recommande le livre de M. Fonmartin de l'Espinasse : *c'est l'établissement successif sur tous les points du globe où les échanges paraîtront suffisamment actifs et avantageux, de factoreries pour le commerce international.*

Quant à l'organisation, voici l'exposé sommaire des principes sur lesquels elle repose.

La Société, formée au capital de 125 millions, ainsi qu'il a déjà été dit, prendrait le nom de *Compagnie-mère des factoreries internationales.* Les hautes notabilités du commerce, de l'industrie et de la grande propriété prendraient part à l'administration de cette Société, organisée conformément aux statuts qu'elle aurait obtenus du Gouvernement; statuts dont la stricte exécution serait garantie par la surveillance d'une commission émanée de lui.

La Compagnie-mère des factoreries internationales, ne ferait point le commerce elle-même; mais à elle appartiendrait le soin de créer, sur les points qui lui seraient indiqués, par sa propre appréciation, toutes les factoreries auxquelles elle procurerait les capitaux nécessaires par voie de souscriptions recueillies en France, partout, à l'Étranger; et, surtout, aux lieux mêmes de leur création.

Les bénéfices de la Compagnie-mère consisteraient dans une portion déterminée de ceux des factoreries dont elle nommerait les gérants; et, tout en portant sur leur gestion la continuelle attention d'un contrôle organisé, elle leur laisserait une initiative complète, une entière spontanéité d'action; les gérants seraient rétribués d'après un système qui les intéresserait à la prospérité de leurs factoreries respectives; la Compagnie-mère se réserverait le droit de les révoquer, de les remplacer et de liquider leurs comptoirs, le cas échéant.

D'après cette organisation, la haute direction de la Compagnie serait française; les intérêts commerciaux et la participation financière, cosmopolites.

2

Les factoreries internationales entretien-
draient des rapports constants entre elles et avec
la société-mère; car leur prospérité individuelle,
comme la prospérité générale de la Compagnie,
dépendrait de l'échange continuel de toute
espèce de services et de renseignements. Elles
se lieraient également, sous certaines règles de
sagesse et de prudence, avec les maisons parti-
culières dont les relations offriraient les garan-
ties désirables de sécurité.

Elles s'attacheraient à faire connaître le mé-
rite des produits spéciaux à chaque contrée, et
à en développer progressivement le commerce;
elles se porteraient garants de la sincérité de la
marchandise, œuvre indispensable et qui n'a
pas encore été essayée jusqu'à ce jour.

Bien que les entreprises de spéculation ne
fussent pas complétement interdites aux factoreries, dans des cas rares et exceptionnels, tels
que ceux où leur initiative serait nécessaire
pour ouvrir à la spéculation particulière des
voies encore inexplorées, ou pour assurer des
retours aux navires, elles se borneraient habi-
tuellement à la Commission, moyennant une
rémunération fixe et déterminée.

Dès-lors, la prospérité des factoreries dépendrait de l'importance et de la quantité des af-

faires dont elles seraient chargées, et que leur intelligence et leur probité pourraient seules leur attirer. Les factoreries auraient donc intérêt à contrôler la sincérité des marchandises qui leur seraient spontanément confiées ; et, sous ce rapport, elles suppléeraient avec avantage, pour le commerce extérieur, à la garantie qu'on demande aux marques de fabrique ; garantie qu'il sera bien difficile d'organiser d'une manière satisfaisante.

La Compagnie pour l'établissement des factoreries n'aurait aucun privilège exclusif ; elle subirait la concurrence de tous et ne refuserait son concours à personne. Accessible à toutes les coopérations, elle serait fondée, non pour des intérêts exclusifs, mais pour la satisfaction des intérêts généraux ; elle donnerait au commerce extérieur, patronage, direction, lumières, universalité d'action (1).

Notre commerce, notre industrie, nos consulats, notre politique dans chaque pays, n'auraient pas de meilleures sources d'information. Nulle part, les pouvoirs législatifs ne trouveraient de

---

(1) Cette conception, qui appartient à M. Alexandre DELEHAYE, sera très prochainement développée par M. Louis DE NOIRON dans un livre intitulé : *Organisation du Commerce international.*

documents plus sûrs pour y puiser la connaissance des inconvénients ou des avantages des
tarifs de Douane existants ; nulle part, ils ne
trouveraient d'indications plus précises et plus
universellement acceptées des combinaisons
nouvelles les plus propres à satisfaire, tout à
la fois, et la France et les peuples en relation
de commerce avec elle.

Non-seulement les rapports individuels, de
commerçant à commerçant, seraient favorisés
par une telle institution, mais les avantages
généraux qui en résulteraient, pour les échanges,
étant réciproques entre les nations, la coopération financière demandée aux étrangers n'en
serait que plus assurée, ainsi que la sympathie
de leurs gouvernements.

Ce n'est point ainsi que procède l'Angleterre :
elle a été poussée dans d'autres voies par la
nature même de sa constitution intérieure. Son
Aristocratie territoriale ne peut conserver la
possession exclusive du sol, qu'à la condition
de livrer au reste de la population, pour ses
fabriques et pour son commerce maritime, le
privilège de l'approvisionnement du monde
entier. Suivant les temps et les circonstances,
l'aristocratie anglaise a poursuivi ce résultat,
par des combinaisons de tarifs ou prohibitives

ou protectrices, par des réserves exclusives, ménagées au profit de sa marine marchande; et, maintenant qu'elle a accumulé la puissance des capitaux, développé jusqu'à ses dernières limites, celle de sa mécanique industrielle, réduit le prix des transports intérieurs, augmenté leur régularité et leur rapidité par le perfectionnement de ses communications de tout genre, favorisé la circulation financière et le crédit par des institutions savamment combinées; maintenant qu'elle a organisé, dans le monde entier, le système de ses relations commerciales et de ses transports maritimes, ainsi armée, elle offre aux Nations, sous le nom de *libre-échange*, l'appât trompeur d'une égalité commerciale menteuse, véritable protection pour elle, qui est plus forte et plus avancée, véritable oppression pour les peuples qui sont moins forts et moins avancés qu'elle.

Telle est aujourd'hui plus que jamais la loi d'existence de l'Angleterre. Elle n'a guère à demander, au dehors, que les produits du sol étranger et les matières premières, pour nourrir ses populations et alimenter l'activité de ses fabriques. La prospérité de l'industrie, du commerce extérieur et de la navigation maritime des autres peuples lui est antipathique, et funeste,

car elle tend à resserrer les limites dans les-
quelles s'exerce son monopole et à diminuer la
part de travail manufacturier ; sans lequel ses
populations déshéritées ne sauraient vivre. Ce
que l'Angleterre a toujours voulu, ce qu'elle
veut à l'heure qu'il est, ce que sa constitution
sociale lui fait une loi de vouloir, c'est la ruine
de toute concurrence industrielle, commerciale
et maritime. C'est pour cela que l'institution
d'une Compagnie pour l'établissement successif, sur les divers points du globe, de Factoreries internationales, en favorisant les rapports
directs et la navigation de tous les peuples,
rétablirait la pondération commerciale détruite
entre eux, et serait pour tous, pour la France
surtout, une œuvre d'affranchissement éminem-
ment nationale.

Enfin, un autre résultat, non moins désirable
pour nous, au moment où le développement de
l'instruction primaire supérieure, de l'instruction secondaire, de l'éducation professionnelle,
suscite incessamment des hommes préparés
pour des destinées nouvelles, c'est qu'ils ces-
sent d'être renfermés dans les limites trop
étroites de la France, contre laquelle ces forces
intellectuelles, trop comprimées, réagiraient
inévitablement ; c'est qu'ils apprennent à

connaître et à parcourir cet univers auquel ils
songent point, et qui les attend ; c'est qu'ils y
découvrent, pour eux - mêmes et pour notre
industrie, de nouvelles sources de prospérité.

Que notre patrie assure à la navigation de
tous les peuples, comme à la sienne propre, un
aliment qui lui est chaque jour ravi par une
rivalité monopoleuse, et elle trouvera, dans le
développement de sa force maritime, et dans
l'intérêt de toutes les nations qui se rattache
à cette cause, un point d'appui contre une pré-
potence politique impatiemment supportée par
les peuples comme par leurs gouvernements.

Politiquement et commercialement, ce serait
pour tous les peuples un immense bienfait qu'une
institution consacrée à leur faire connaître res-
pectivement leurs ressources et leurs besoins.

Le véritable commerce n'est pas celui qui,
marchant dans les ténèbres de l'ignorance générale, armé d'un flambeau qui n'éclaire que
lui, s'enrichit des dépouilles de ceux qu'il
abuse. Le véritable commerce vit de transactions profitables à tous, il ne déplace point la
richesse, il la multiplie ; il paie les produits
qu'il acquiert avec les produits qu'il a créés.
Est-ce ainsi que les choses se passent au sein de
ces nations riches et puissantes autrefois, au-

jourd'hui sans agriculture, sans industrie, sans travail, de ces nations que la misère dévore, et qui, pour payer leurs chétives consommations, à peu près exclusivement alimentées par l'industrie et le commerce étrangers, sont obligées d'aliéner leurs capitaux et jusqu'au sol lui-même.

Non, en délaissant, au profit de l'étranger, la navigation maritime et le commerce extérieur, elles se sont vouées à l'ignorance des faits, et par cette ignorance, à la déception et à la ruine ses compagnes inséparables.

Mais la déception, pour les nations qui en profitent, n'est elle-même, qu'un avantage passager. Que peut acheter, en effet, celui qui a cessé de produire? quand la poule aux œufs d'or est égorgée, que reste-t-il à extraire de ses entrailles?

Il n'y a, pour les nations, de commerce durable que celui qui agit au grand jour d'une publicité véridique. C'est sur de tels rapports que se fondent les amitiés sincères entre les gouvernements, les alliances inaltérables entre les peuples. C'est aux factoreries internationales à faire luire cette ère nouvelle.

Sans doute, en faisant connaître aux divers peuples la variété de leurs forces productives,

les factoreries n'en combleront point les diffé-
rences, mais elles fourniront avec exactitude
les éléments d'une solution équitable pour
toutes les questions que ces inégalités soulèvent.

J'ai dû me borner, dans cet écrit, à éveiller
les esprits sur l'organisation de notre commerce
extérieur, parce que ce sujet, celui de tous, peut-
être, qui importe le plus à la prospérité de
notre industrie et à notre avenir politique, est
le seul que les discussions parlementaires aient,
jusqu'à ce jour, passé sous silence. Cependant,
comme il est le complément indispensable d'une
série de mesures qui forment avec lui un sytème
complet, il est bon de les rappeler ici. Ce sont:

1° L'amélioration des conditions du crédit
commercial, par la coordination des banques;

2° L'achèvement de nos voies de transport
rapides et économiques;

5° La révision des lois et règlements relatifs
à la navigation maritime;

4° La réforme progressive et calculée de nos
tarifs de douane.

Ces diverses questions ne sont pas l'objet
spécial de cet écrit. Elles ont été ou seront ap-
profondies ailleurs; il n'en est pas une dont la
solution, en améliorant les conditions de la fabri-
cation industrielle, ne conduise à une excitation

nouvelle de la production ; et n'appelle, comme
conséquence nécessaire et chaque jour plus
urgente, l'organisation de notre commerce extérieur. Que deviendrait, en effet, le marché
national incessamment rempli par la double
action du travail intérieur et de la concurrence
étrangère, si le trop plein qui l'inonde ne trou-
vait pour s'épancher au dehors, que des issues
mal dirigées, mal organisées et dont l'insuffisance est, dès à présent, évidente.

La navigation, le commerce, l'industrie des
États-Unis grandissent chaque jour, et chaque
jour leur industrie, leur commerce, leur navigation suscitent à nos voisins insulaires une
nouvelle et dangereuse concurrence. Ce qu'ils
perdent dans le reste de l'univers, ils songent
à le récupérer en brisant les barrières qui s'é-
lèvent successivement devant eux, et qui leur
ferment la vieille Europe.

Le blocus continental, militairement essayé
par Napoléon, s'est spontanément et pacifique-
ment réorganisé depuis sa chute. Deux moyens
se présentaient aux Anglais pour forcer cet
obstacle

Ou contracter une alliance intime avec la
France ; et, dans ce cas, pour prix du patronage
qu'ils prétendaient offrir à la révolution de

Juillet, ils demandaient le *libre-échange*, l'abandon de notre marine marchande et militaire; ils aspiraient à dominer l'Espagne et le Portugal; prêts, d'ailleurs, à déchaîner contre nous le reste de l'Europe, comme ils l'ont fait en 1840, afin de river notre chaîne dès que le moindre mouvement manifesterait notre indépendance. Ce système a échoué; d'Anglais qu'il était, le Portugal, par suite des récentes élections, est redevenu Portugais; l'Espagne, espagnole, en chassant Espartero; et, dans les liens de la quadruple alliance qui les rassemble, le Portugal, l'Espagne et la France sont d'accord contre l'Angleterre.

Ou demander à l'anarchie la clef du continent; et, par ce moyen, ouvrir une large issue à l'irruption de leurs produits manufacturés!

Des événements nouveaux ont éclaté en Suisse, en Italie; partout l'Angleterre a excité la démagogie (1); Partout la France a parlé de

---

(1) Voici ce que dit un journal anglais connu par sa prédilection pour lord Palmerston :

« L'effet de la politique de lord Palmerston est de le
» faire très généralement considérer en Europe comme
» l'ennemi de tous les gouvernements établis, et l'ami de
» toutes les insurrections populaires : sous son influence,
» l'Angleterre a déserté les principes conservateurs qui
» étaient de nature à garantir la durée de la paix et à faire
» le bien des peuples. (Extrait du *Times* du janvier 1848).

liberté constitutionnelle et d'ordre; d'ordre aux peuples; aux Souverains de liberté. Puisse ce langage être compris de part et d'autre! puissent les idées qu'il exprime prévaloir en Europe et cimenter la confiance réciproque des peuples et des Gouvernements.

C'est ainsi seulement qu'ils se garantiront de la contrebande insulaire; c'est ainsi qu'ils éviteront les traités de commerce non moins funestes dont les fallacieuses combinaisons sont déjà toutes préparées.

Les peuples comprendront, nous osons le croire, le noble rôle rempli par la France; après les émotions que leur inspire un premier élan, ils rendront grâce à la politique qui les conduit à la liberté, en leur épargnant les horreurs de l'anarchie, et les misères du servage commercial.

Quant aux gouvernements, quelques-uns par raison, d'autres par nécessité, ont pris confiance dans notre loyale conduite ; et sur la question Suisse comme sur la question Italienne, l'Angleterre est seule : la France est d'accord avec toutes les autres puissances du continent.

L'Angleterre fait dire, et quelques esprits prévenus ont la faiblesse d'ajouter foi à ses paroles, qu'en abandonnant l'alliance dans laquelle elle espérait nous étreindre, nous désertons les principes de la révolution de Juillet. La révolution de Juillet s'est faite pour la liberté et pour l'égalité. Notre liberté n'est pas celle que l'Angleterre a voulu donner au Portugal, à l'Espagne ; ce n'est pas celle qu'elle cherche à faire pénétrer en Suisse, en Italie ; et, quant à l'égalité, nous commencerons à croire à la sincérité de l'Angleterre quand nous en aurons trouvé le modèle dans ses propres institutions. Arrière donc ces misérables arguments !

N'ayant pu imposer son monopole industriel et commercial au continent par l'asservissement politique de la France, de l'Espagne, du Portugal, l'Angleterre s'est adressée à l'anarchie. Mais Dieu veille sur la sainte cause de la liberté ; elle évitera cet écueil, c'est assez du naufrage que nous y avons fait nous-mêmes. Puisse ce naufrage être, pour le reste de l'Europe, un avertissement salutaire !

La position de 1840 est donc retournée. La France était seule alors ; aujourd'hui, elle est politiquement d'accord avec le reste du continent.

C'est au commerce à cimenter cette union, au commerce tel que nous l'avons conçu, tel que nous le supposons organisé ; au commerce fondé sur la réciprocité des avantages , sur le respect des inégalités relatives de la production chez les différents peuples, sur la sincérité des transactions , sur la connaissance universellement répandue des faits et de la situation des marchés divers ; au commerce fondé pour le profit de tous les peuples et avec le concours de tous les peuples.

L'unité des vues commerciales renfermées dans l'établissement d'un système de factoreries internationales, assurera l'unité d'intérêts politiques partout où le monopole commercial et industriel sera considéré comme l'ennemi commun, partout où il sera constaté que la liberté n'est qu'un vain mot là où subsiste la misère.

C'est donc en vue de l'accomplissement d'une œuvre non moins politique que commerciale que j'ai cru devoir livrer à la publicité les idées consignées dans cet écrit: convaincu, comme je le suis, que jamais plus important résultat n'aurait été obtenu avec des moyens relativement aussi faibles, et que jamais emploi plus utile au pays ne saurait être fait des ressources financières de l'État et de la force d'initiative du Gouvernement.

Imprimerie de E. MARC-AUREL, rue Richer, 12.